Trouve la bonne ombre

Anna et Elsa, les deux petites princesses d'Arendelle,
aiment passer du temps ensemble.

A

B

C

D

Coloriage

Le roi Agnarr est le père d'Anna et Elsa.
Il règne avec la reine Iduna sur le royaume d'Arendelle.

Mots cachés

Le princesse Anna aime la vie à Arendelle.
Retrouve les 12 mots qu'elle a cachés dans la grille.

- SECRETS
- ARENDELLE
- ELSA
- AVENTURE
- MAGIE
- OLAF
- ENCHANTÉE
- AMOUR
- ANNA
- VOYAGE
- NORTHULDRA
- ESPRITS

V	H	L	S	S	I	A	M	O	U	R	B	N
O	U	M	E	D	M	B	A	I	D	M	P	O
Y	E	N	C	H	A	N	T	E	E	J	A	Z
A	P	R	R	E	P	Z	A	U	H	G	V	Y
G	V	A	E	L	S	A	T	K	J	D	E	B
E	J	L	T	O	A	R	P	M	S	F	N	C
D	T	M	S	P	E	E	S	P	R	I	T	S
R	S	O	I	L	J	N	A	N	A	S	U	V
A	Q	P	B	M	I	D	E	E	O	Q	R	N
N	S	G	N	W	S	E	O	K	L	E	E	D
N	O	R	T	H	U	L	D	R	A	R	K	F
A	P	D	Z	Q	M	L	S	B	F	U	M	G
S	L	M	A	G	I	E	C	N	A	I	L	S

Trouve les sept différences

Elsa est maintenant la reine d'Arendelle.

Colorie un flocon
à chaque fois que tu trouves
une différence.

Suite logique

Inscris la lettre correspondant à l'image qui complète chaque suite logique.

A B C D

Coloriage

Olaf et Anna adorent les câlins !

Puzzle

Anna, Elsa, Kristoff, Sven et Olaf aiment passer leurs soirées à s'amuser ensemble.
Replace les pièces aux bons endroits pour compléter l'image.

A = _   B = _   C = _   D = _   E = _   F = _   G = _

Calcul

Les pouvoirs d'Elsa sont incroyables !
Compte le nombre de cristaux avec des symboles dans le ciel,
puis colorie la scène.

Trouve ton chemin

Elsa, Anna, Olaf, Kristoff et Sven partent vers le Nord.
Quel chemin doivent-ils prendre pour gagner la Forêt Enchantée ?

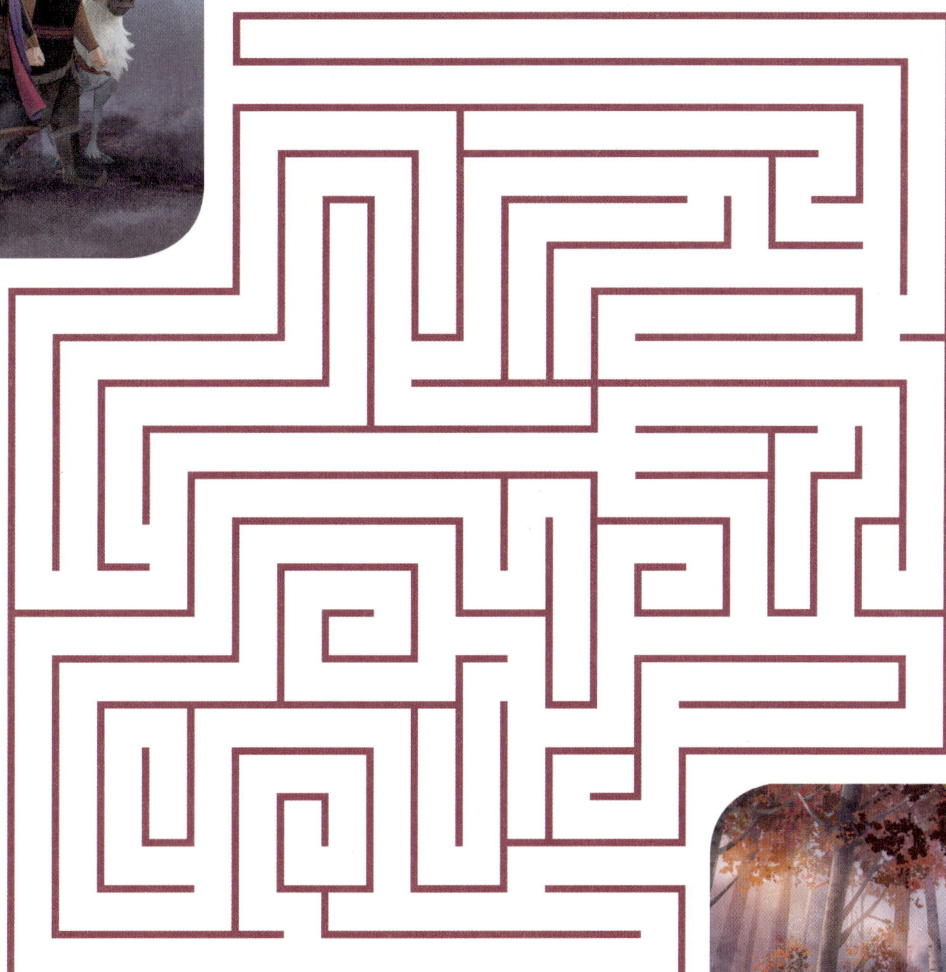

Observe

Vite ! Anna attrape une épée de glaçe pour protéger ses amis.
Quel détail n'appartient pas à cette scène magique ?

1 

2 

3 

4 

5 

6 

7 

8 

9 

Coloriage

Honeymaren est une Nothuldra.
Elle a toujours vécu dans la Forêt Enchantée.

Domino

L'Esprit du Feu s'appelle Bruni et il adore le toucher glacial d'Elsa.
À toi de résoudre ce domino en dessinant les éléments manquants.

Sudoku

Complète la grille en utilisant Elsa, Anna et leurs amis.
Écris le nombre correspondant pour chaque personnage.

Coloriage

Relie les points de 1 à 53, puis colorie le
Géant de la Terre qui fait trembler le sol !

Observe

Elsa doit affronter le Nokk pour découvrir les secrets
de son passé et l'origine de ses pouvoirs.
Retrouve l'image qui est différente des autres.

A

B

C

D

E

F

Solutions

V	H	L	S	S	I	A	M	O	U	R	B	N
O	U	M	E	D	M	B	A	I	D	M	P	O
Y	E	N	C	H	A	N	T	E	E	J	A	Z
A	P	R	R	E	P	Z	A	U	H	G	V	Y
G	V	A	E	L	S	A	T	K	J	D	E	B
E	J	L	T	O	A	R	P	M	S	F	N	C
D	T	M	S	P	E	E	S	P	R	I	T	S
R	S	O	I	L	J	N	A	N	A	S	U	V
A	Q	P	B	M	I	D	E	E	O	Q	R	N
N	S	G	N	W	S	E	O	K	L	E	E	D
N	O	R	T	H	U	L	D	R	A	R	K	F
A	P	D	Z	Q	M	L	S	B	F	U	M	G
S	L	M	A	G	I	E	C	N	A	I	L	S

A = 1
B = 2
C = 6
D = 4
E = 7
F = 3
G = 5

Il y a
15
cristaux

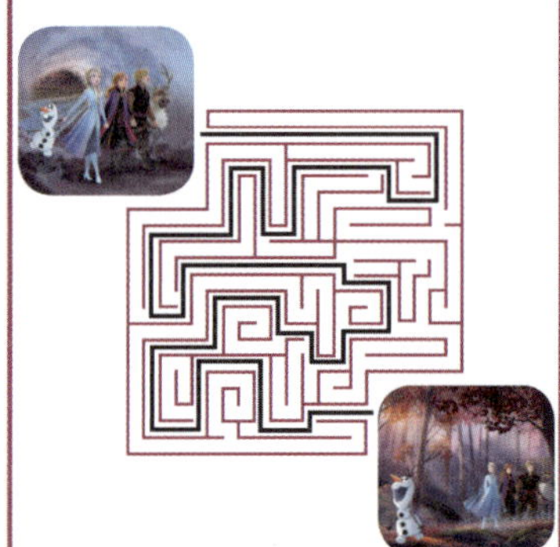

6

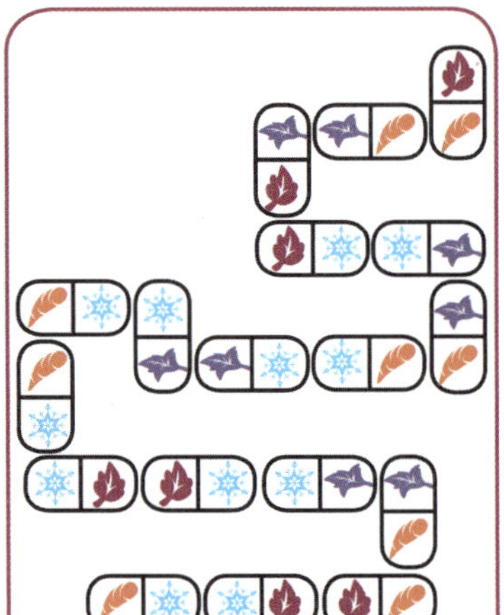

L'image E